Richard Rodney Bennett

MISSA BREVIS

NOVELLO

Missa Brevis

The *Missa Brevis* has been recorded on:
SEA CHANGE –
The Choral music of Richard Rodney Bennett
by The Cambridge Singers
directed by John Rutter
Collegium Records CSACD 901

Music setting by Chris Hinkins
Order no. NOV290711
ISBN 1-84449-757-7
© 2004 Novello & Company Ltd.
Published in Great Britain by Novello Publishing Limited

Exclusive Distributor:
Hal Leonard Europe Limited
42 Wigmore Street
Marylebone, London, W1U 2RN
Email: info@halleonardeurope.com

Commissioned by Canterbury Cathedral Choir
with funds from the Friends of Canterbury Cathedral and South East Arts

MISSA BREVIS

Richard Rodney Bennett

Kyrie

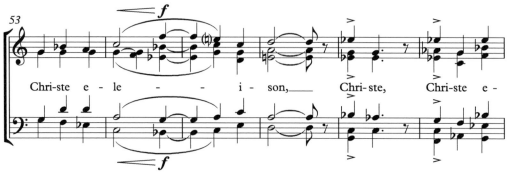

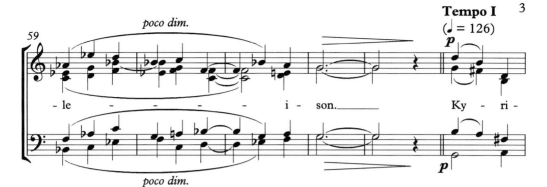

Gloria

16

-pter ma-gnam glo-ri-am tu - am._____ Do-mi-ne De-us,

(3+4)

20

Rex coe - les - tis,_____ De-us Pa - ter om - ni-po-tens, Do-mi-ni Fi - li

(3+4)

mf

poco rit.

p

24

u - ni - ge-ni-te_____ Je - su Chri - ste._____

p

A tempo, sempre mosso ($\lrcorner$ = 69)

p semplice

29

Do - mi - ne De - us, A - gnus De - i,

p semplice

Do - mi - ne De - us,_____ A - gnus De - i,_____

poco cresc.

33

Fi - li - us Pa - tris. Qui tol - lis pec - ca - ta

poco cresc.

_____ Fi - li - us Pa - tris. Qui tol - lis pec - ca - ta

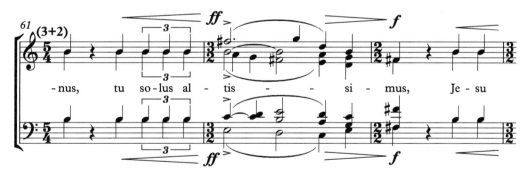

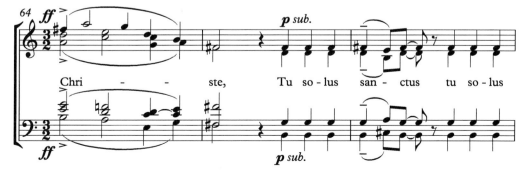

8

Sanctus

be-ne-di-ctus qui ve-nit in no-mi-ne Do-mi-ni._____ Ho-

-san-na in ex-cel-sis,_____ ho-san-na in ex-cel-sis,_____ ho-

Agnus Dei

Pochiss. più (♩ = 66)

no-bis pa - cem,___ do-na no-bis pa-cem,___ do - na

no-bis pa - cem,___ do-na no-bis pa-cem,___ do - na

no - bis pa - cem,___ do-na no-bis pa-cem,___ do - na

no-bis pa - cem,___ do-na no-bis pa-cem,___ do - na

no - bis pa - cem,___ do-na no-bis pa - cem,___

no - bis pa - cem,___ do-na no-bis pa - cem,___ do -

no - bis pa - cem,___ do-na no-bis pa - cem,___

no - bis pa - cem,___ do-na no-bis pa - cem,___

New York City July 21st 1990